DESCRIPTION

DE L'ARC DE TRIOMPHE DE L'ÉTOILE,

Et des Bas-Reliefs dont ce monument est décoré

[...] Nancy, exécutés [...] dessinés par M. LAFITTE [...]

[...] avec [...] des gravures [...]

PARIS

[...]

47. Le Serre
1896

FAÇADE DU COTÉ DE PARIS

ARC DE TRIOMPHE DE L'ÉTOILE.

ÉLÉVATION GÉOMÉTRALE.

Face de Paris.

Cet Arc, que l'on doit exécuter en pierre, et dont les pieds-droits sont déjà élevés à vingt pieds environ au-dessus du sol, a été figuré en charpente et en toile pour l'entrée à Paris de S. M. l'Impératrice Marie-Louise. La rapidité avec laquelle les travaux ont été poussés tient de l'enchantement. Près de cinq cents ouvriers ont été employés, et en moins de vingt jours ce monument a été entièrement achevé.

M. Chalgrin, architecte du Sénat, déjà connu par plusieurs grands monumens, a dirigé tous ces travaux, et a fourni les dessins d'après lesquels ils ont été exécutés.

L'Arc de l'Etoile s'aperçoit des différens quartiers de Paris et de tous les environs; il est élevé un peu au-dessus de la barrière de Neuilly, et fait face d'un côté au pont de ce village, et de l'autre au château des Tuileries.

Sa hauteur est de 133 pieds, sa largeur de 138, et sa profondeur de 68. — L'arcade du milieu a 87 pieds de haut sous clef, sur 45 de large; les pieds-droits ont 64 pieds, et la corniche qui les termine 6 pieds de saillie. — L'attique est de 25 pieds.

Les pieds-droits sont décorés de trophées d'armes de toute espèce, groupés avec des figures allégoriques. — C'est au-dessus de leur entablement qu'on a placé les Bas-Reliefs dont la description est ci-après, et qui tous ont été composés par M. LAFITTE , et exécutés sur ses dessins ; le tympan des archivoltes est décoré des figures allégoriques de la Force et la Prudence ; enfin, sur l'attique, on lit l'inscription suivante :

A NAPOLÉON ET A MARIE-LOUISE, LA VILLE DE PARIS.

PLAN, ÉLÉVATION LATÉRALE ET COUPE DE CE MONUMENT.

L'Arc de l'Etoile présente dans son plan une croix régulière. Dans chacun des quatre massifs sera placé un escalier circulaire qui communiquera dans une vaste salle ménagée dans l'épaisseur de l'attique , et éclairée par le haut au moyen de chassis.

Dans l'élévation latérale , ou, pour mieux dire , dans la profondeur de cet arc , on doit percer une ouverture de 26 pieds de largeur et 55 de hauteur, sur l'axe du boulevard extérieur qui mène du Roule à Passy. Elle viendra, comme à l'Arc de triomphe du Carrousel, traverser en croix l'ouverture principale. On n'a pu que la figurer dans le monument en charpente , parce qu'il fallait ménager des tribunes pour le placement des Autorités constituées , au moment du passage de Leurs Majestés.

La coupe, dont on peut se former une idée en se plaçant sous la voûte , présente le revers de la partie latérale dont on vient de parler. Les pieds-droits sont décorés de médaillons.

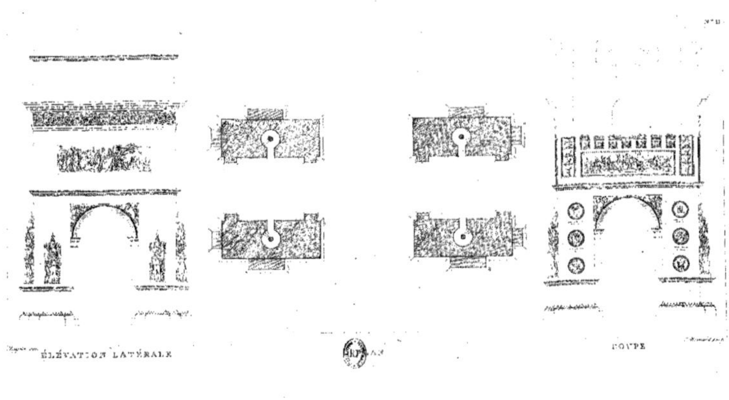

ÉLÉVATION LATÉRALE
COUPE

et d'inscriptions. (Voir ci-dessous.) Lè dessus de l'arcade, à la naissance de la voûte, est orné des Bas-Reliefs (voir les pages 11 et 12) et de caissons avec un aigle au milieu.

COTÉ DE PASSY. (*Droite du spectateur.*)

Premier médaillon. Le portrait de l'Empereur, avec cette légende au-dessous :

LE BONHEUR DU MONDE EST DANS SES MAINS. (*Adresse du Sénat.*)

Deuxième médaillon. Un laurier qui pousse plusieurs rejetons, avec cette inscription :

IL A FAIT NOTRE GLOIRE : ILS LA RENDRONT ÉTERNELLE.

Troisième médaillon. Un léopard rugissant, avec la légende :

IL RIAIT DE NOS DISCORDES : IL PLEURE DE NOTRE UNION.

Gauche du spectateur.

Premier médaillon. Le monograme de Leurs Majestés, et pour inscription :

NOUS L'AIMONS POUR L'AMOUR DE LUI : NOUS L'AIMERONS POUR ELLE-MÊME.
(*Adresse du Sénat.*)

Deuxième médaillon. L'Amour couronnant de myrtes et de roses le casque de Mars, avec cette légende :

ELLE CHARMERA LES LOISIRS DU HÉROS. (*Adresse du Sénat.*)

Troisième médaillon. Le soleil avec l'arc-en-ciel, et cette légende :

ELLE ANNONCE A LA TERRE DES JOURS SEREINS.

4

COTÉ DU ROULE. (*Gauche du spectateur.*)

Premier médaillon. Portrait de l'Impératrice, et pour légende :
NOUS LUI DEVRONS LE BONHEUR DE L'AUGUSTE ÉPOUX QUI L'A PLACÉE
SI HAUT DANS SA PENSÉE. (*Adresse du Sénat.*)
Deuxième médaillon. La figure du Danube, avec cette légende :
IL NOUS ENRICHIT DE CE QU'IL A DE PLUS CHER.
Troisième médaillon. Les armes d'Autriche, sans inscription.

Droite du spectateur.

Premier médaillon. Le monograme de Leurs Majestés Impériales, avec cette légende :
ELLE SERA POUR LES FRANÇAIS UNE VÉRITABLE MÈRE.
(*Réponse de l'Empereur.*)
Deuxième médaillon. La figure de la Seine, avec cette légende :
NOTRE AMOUR RECONNAITRA LE DON QU'IL NOUS FAIT.
Troisième médaillon. Les armes de France, sans inscription.

LÉGISLATION

LA LÉGISLATION.

L'EMPEREUR, revêtu des habits impériaux, et placé sur son trône, indique de la main les tables où sont inscrits le Code civil et le Code criminel. Près de là, sont groupés tous les attributs de la Justice.

Pénétrés de reconnaissance pour un si grand bienfait qui assure le bonheur et la tranquillité des générations présente et futures, des citoyens de tout âge et de toute condition se prosternent devant le Héros législateur, et lui adressent des actions de grâces. L'Innocence, sous la figure d'une jeune Vierge, assurée désormais de la protection des lois, se livre paisiblement au sommeil au pied du trône de Sa Majesté.

Largeur de ce Bas-Relief, 29 pieds.

Hauteur, 15 pieds.

L'INDUSTRIE NATIONALE.

Des Négocians présentent à l'Empereur les produits de toute espèce, sortis de leurs fabriques. S. M. qui s'empresse d'honorer le mérite dans toutes les classes, les accueille avec bienveillance, et s'entretient avec eux sur les moyens de perfectionner les manufactures françaises ; elle tient d'une main le Code du Commerce, et donne de l'autre, à l'un de ces Négocians, l'Etoile de la Légion d'Honneur, noble récompense de leur activité et de leur industrie.

Sur la gauche du spectateur, on voit une Barque chargée de marchandises et prête à toucher au port ; la Barrière de la Villette, qui paraît dans le lointain, sert à faire reconnaitre que cette barque navigue sur le canal de l'Ourcq, nouvelle source de richesses et de prospérité pour le commerce de Paris.

Largeur de ce Bas-Relief, 29 pieds.

Hauteur 15 pieds.

INDUSTRIE NATIONALE

ARRIVÉE DE L'ARCHIDUCHESSE À PARIS

ARRIVÉE DE L'ARCHIDUCHESSE A PARIS.

L'ARCHIDUCHESSE arrivée au terme de son voyage , est descendue de son char. L'Empereur qui est allé au-devant d'elle , la conduit vers la porte de Paris , où les Magistrats de la ville viennent lui présenter , sur des coussins , les clefs de cette capitale.

Les dames et les personnes qui composent la cour de l'Archiduchesse sont placées derrière elle ; plus loin , à la droite du spectateur et près du char qui l'a amenée , sont les Officiers généraux qui l'ont escortée dans son voyage ; du côté opposé , l'on voit au premier plan la Statue de la ville de Paris , et au second une grande affluence de Citoyens qui , des branches de lauriers à la main , se précipitent au-devant de Leurs Majestés. Dans le fond , s'élève déjà ce même Arc de triomphe sous lequel va passer le Cortège.

Largeur de ce Bas-Relief, 56 pieds.

Hauteur 15 pieds.

EMBELLISEMENS DE PARIS.

Au centre de ce Bas-Relief, on voit l'Empereur drapé d'un manteau. Le Ministre de l'intérieur et quelques personnes de marque sont près de lui. S. M. montre de la main aux Architectes dont il est entouré, les changemens à faire sur les plans qu'on soumet à son approbation.

Des ouvriers placés aux deux extrémités du Bas-Relief et occupés à divers travaux, servent à indiquer la rapidité avec laquelle s'achèvent les embellissemens de Páris. Dans le fond on aperçoit la colonnade du Louvre, monument dont la restauration seule était un des plus grands travaux qu'on pût entreprendre.

La Postérité n'apprendra pas sans étonnement que ce Palais commencé sous François I.ᵉʳ, et continué sans pouvoir être achevé par tous les rois qui succédèrent à ce Monarque, fut terminé en quelques années sous le règne de Napoléon.

Largeur de ce Bas-Relief, 29 pieds.

Hauteur 15 pieds.

EMBELISSEMENT DE PARIS

N°VII.

CLÉMENCE DE L'EMPEREUR

CLÉMENCE DE L'EMPEREUR.

L'EMPEREUR assis, la main appuyée sur sa redoutable épée, est couronné par la Victoire. Sa Majesté pardonne avec générosité aux ennemis qu'il a vaincus. Ceux-ci sont figurés par des soldats qui viennent déposer les armes à ses pieds. On aperçoit entre ce groupe et S. M. un trophée d'armes de toute espèce, et dans le lointain un camp couvert de tentes. Ces attributs rappellent la vie active et guerrière de l'Empereur.

On pourrait rapporter ici plusieurs traits de modération de Sa Majesté, au sein même de ses plus brillantes victoires. On pourrait citer également plusieurs traits de sa clémence ; mais c'est à l'histoire qu'il appartient de les consacrer, et d'ailleurs, dans ces jours de fête et d'allégresse, on ne doit offrir à la mémoire rien de ce qui peut rappeler les souvenirs de la guerre.

Largeur du Bas-Relief, 29 pieds.

Hauteur 15 pieds.

FACE DU COTÉ DE PASSY.

ALLIANCE DE LEURS MAJESTÉS.

L'EMPEREUR NAPOLÉON et l'Impératrice MARIE-LOUISE, revêtus des habits impériaux et entourés des attributs et des armoiries qui caractérisent la France et l'Autriche, se donnent la main en signe d'Alliance, sur un autel placé aux pieds de la statue de la Paix.

Sur le côté, à la gauche du spectateur, on voit un buste de Janus, symbole du passé et de l'avenir ; et auprès, le Tems qui dicte à la Muse de l'Histoire l'époque d'un évènement si mémorable. Plus en avant, est l'Impératrice montée dans un char dont l'Amour dirige les coursiers. Une femme l'accompagne et tient à la main un sceptre, emblème de la puissance.

On a placé à l'opposite, derrière l'Empereur, un amas d'armes de toute espèce, noble trophée de ses victoires. Près de là est la figure allégorique de la Seine, au-dessus de laquelle s'élève la Renommée, pour aller annoncer au Monde la nouvelle de cette alliance. Dans son vol rapide, la Déesse répand une corne d'abondance sur les Peuples qui, heureux d'une pareille union, se livrent à la danse et à la joie.

Largeur de ce Bas-Relief, 56 pieds.

Hauteur 15 pieds.

ALLIANCE DE LEURS MAJESTÉS

N° IX

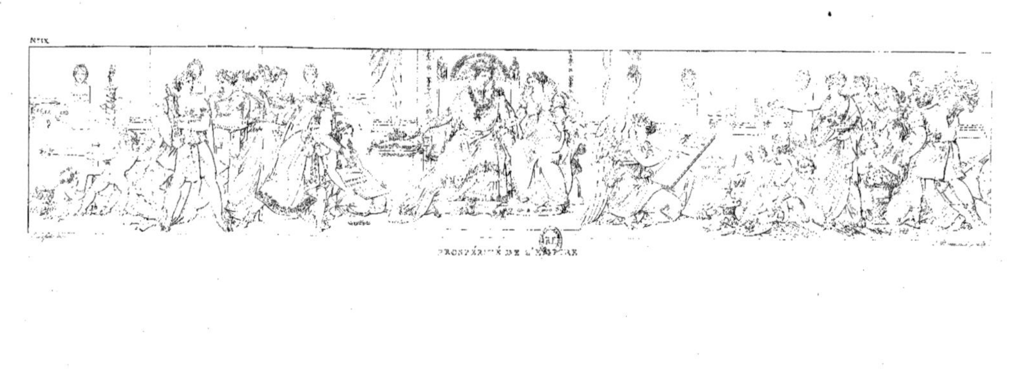
PROSPÉRITÉ DE L'EMPIRE

PROSPÉRITÉ DE L'EMPIRE.

Ce Bas-Relief représente, dans une des salles de leur Palais, Leurs Majestés encourageant tous les Arts avec bienveillance. L'intérieur est décoré de colonnes, entre lesquelles sont placés sur des cippes les bustes allégoriques qui représentent les divers Ministères.

L'Empereur, revêtu des habits impériaux, a placé près de lui sur son trône Sa Majesté l'Impératrice. Vers la gauche, les Beaux-Arts personnifiés se distinguent facilement, chacun par les attributs qui les caractérisent. On remarque devant ce groupe une figure de femme offrant un médailler qui contient l'histoire numismatique de l'Empereur ; et derrière, tout-à-fait dans le coin du bas-relief, un balancier que font mouvoir des enfans.

Du côté opposé, paraît la Muse de l'Histoire, traçant les évènemens glorieux du règne de Napoléon ; elle est entourée d'enfans qui viennent s'instruire au récit de ces faits héroïques. Tout auprès sont étalés à terre les divers produits de l'industrie nationale ; et enfin ce côté est terminé par un groupe d'Agriculteurs qui présentent les tributs de leurs récoltes.

A travers les divers entre-colonnemens s'aperçoivent les principaux monumens dont Sa Majesté a ordonné l'exécution.

Largeur de ce Bas-relief, 45 pieds.

Hauteur, 9 pieds.

PROSPÉRITÉ DE L'EMPIRE.

Placés sur un char, l'Empereur et l'Impératrice parcourent les Provinces de leur Empire, et répandent sur leur passage l'abondance et l'allégresse.

A gauche du spectateur sont les Muses de la Peinture, de l'Architecture et de l'Art statuaire, toutes occupées à exécuter les grandes pensées de Napoléon. La colonne de la grande Armée (place Vendôme), et le péristile du temple de la Victoire (sur l'emplacement de la Madeleine), paraissent dans le lointain.

L'on voit à droite des balots de marchandises et des barques, emblêmes du Commerce que la navigation des nouveaux canaux a rendu plus actif. A côté, aux pieds d'un Hermès représentant la Nature, est assise la figure de l'Abondance; les Enfans qui l'entourent désignent la Population.

Le fond enfin, offre la vue de plusieurs Monumens, et principalement celle de l'Obélisque projeté sur le terre-plein du Pont-Neuf.

Le Plafond de cette voûte est orné de caissons, au milieu desquels est un aigle les ailes éployées, et de douze pieds de proportion.

Largeur de ce Bas-Relief, 45 pieds.
Hauteur 9 pieds.

PROSPÉRITÉ DE L'EMPIRE